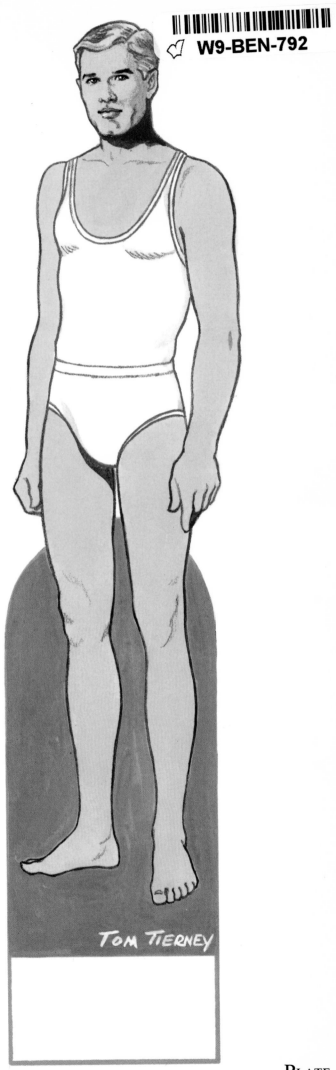

TOM TIERNEY

TOM TIERNEY

PLATE 1

PLATE 2: 1800–1810

PLATE 3: 1820s

PLATE 4: 1830s

PLATE 5: 1860s

PLATE 6: 1870s

PLATE 7: 1880s

PLATE 9: 1910s

PLATE 10: 1920s

PLATE 11: 1930s

PLATE 12: 1940s

PLATE 13: 1950s

PLATE 14: 1960s

PLATE 15: 1970s

PLATE 16: 1980s